GEHEIME STRATEGIEN, UM IM MEHRSTUFIGEN GESCHÄFT VIEL GELD ZU VERDIENEN

ENTWICKELN SIE IHRE VERKAUFSFÄHIGKEITEN, LERNEN SIE, WIE MAN IN EINEM NETWORK-MARKETING-UNTERNEHMEN ERFOLGREICH IST

Gaston Echevarria

Inhaltsverzeichnis

Einführung: Multilevel Marketing

Multilevel Marketing, oder MLM, ist eine Marketingstrategie, die eine Downline von Distributoren und eine Hierarchie von mehreren Vergütungsstufen schafft. Der Außendienst wird nicht nur durch seine eigenen Verkäufe kompensiert, sondern auch durch die Verkäufe der Mitarbeiter, die er bei der Rekrutierung unterstützt. Unternehmen, die über eine große Produktbasis verfügen, können oft keinen gleichwertigen Außendienst beschäftigen und glauben, dass sie ohne den traditionellen Ansatz besser dran wären. Deshalb implementieren sie MLM, um im Wettbewerb der multinationalen Unternehmen zu bestehen.

MLM ist auch bekannt als Network Marketing, weil es ein Netzwerk von einzelnen Kunden nutzt, um andere potenzielle Kunden zu erreichen. Das heißt, jeder einzelne Kunde dient als Vertriebsmitarbeiter.

> ### *Mehrstufiges Marketing vs. Pyramidenmarketing*

Menschen verwechseln MLM oft mit Pyramidenmarketing; es gibt jedoch einen sehr klaren Unterschied zwischen den beiden Ansätzen: Pyramidenmarketing besteht darin, Ihr Geld zu bekommen und es dann zur Rekrutierung anderer Vertriebspartner zu verwenden; MLM hingegen geht es darum, das Produkt durch ein größeres Netzwerk von Vertriebspartnern zu bringen, so dass das Unternehmen das Umsatzvolumen steigern kann.

Ein weiterer Unterschied zwischen MLM

und Pyramidenmarketing ist, dass Pyramidenmarketing erfordert, dass jede Ebene VERDOPPELT wird, bevor eine neue Ebene geschaffen wird, so dass es nicht fair gegenüber Menschen ist, die sich auf den unteren Ebenen befinden, und es ist auch nicht ethisch vertretbar. MLM gewährt jedoch eine Provision, die sich nach dem Volumen des durch eigene Vertriebsanstrengungen verkauften Produkts und dem der Downline-Organisation richtet.

Da MLM mit den Risiken der Gründung eines Unternehmens konfrontiert ist, das nicht von unerkannten Kunden bewiesen wurde, ziehen es die Menschen vor, ein Coupé zu warten, bevor sie beitreten. Sie zeugen daher auch von der Entwicklung und Zuverlässigkeit des Unternehmens.

> ***Struktur des mehrstufigen Marketings***

Multilevel-Marketing folgt einer deutlich anderen Struktur als Pyramidenmarketing: Das Netzwerk ist in Teile gegliedert, die aus einer unterschiedlichen Anzahl von Personen bestehen. Einige Teile des Netzwerks können aus Personen mit niedrigerem Rang bestehen, weil der Initiator möglicherweise nicht in der Lage war, mehr Personen zu registrieren; andere Teile können jedoch gediehen sein, weil ein hart arbeitendes Marketing-Genie über gute Ressourcen verfügt. Daher erweist sich MLM als ein fairerer Ansatz zur Einkommensbildung.

> ➤ *Wachstum innerhalb mehrstufiger Marketingunternehmen*

Eine MLM-Gelegenheit mit einem breiten

Netzwerk von Kontakten bringt größere Wachstumsperspektiven mit sich, da die Mitglieder mehr Begeisterung für die Vorstellung von mehr Menschen entwickeln. Darüber hinaus werden die Spitzen des Netzwerks ermutigt, ihre Erfahrungen mit ihren Untergebenen zu teilen. Denn Leistungssteigerungen bei neuen Teilnehmern und Untergebenen werden zu einem höheren Nutzen für ältere Menschen führen.

Daher können mehrstufige Marketingunternehmen die Vorteile großer umsatzgenerierender Möglichkeiten nutzen. Der einzige Schlüssel ist, eines mit einem erfolgreichen Produkt oder einer erfolgreichen Dienstleistung auszuwählen, so dass Sie es für sich selbst bevorzugen.

Was Multilevel Marketing oder MLM wirklich ist.

Multilevel-Marketing ist in der Tat eine Revolution im Vertrieb. Die Entwicklung des mehrstufigen Marketings hat einen Wandel des Geschäftsparadigmas gefördert, der die traditionellen Wege des Marketings und der Distribution eines Produkts an die Endverbraucher erheblich verändert hat. Mehrstufiges Marketing hat den Bedarf an zusätzlichen Geschäften, Großhändlern, Einzelhändlern und Werbebudgets eliminiert und macht es zu einer der kostengünstigsten Marketingmethoden. Damit hat diese neue Art des Marketings einen großen Teil des Geldes freigesetzt, das bisher von riesigen Werbebudgets verbraucht wurde und nun für die Entwicklung besserer und innovativer Produkte genutzt werden kann.

- **Umfang des mehrstufigen Marketings**

Die mehrstufige Marketing-Technik umfasst mehrere Ebenen des Marketings, die sich auf die Masse der potenziellen Kunden erstrecken, und das ist es, was alle Unternehmen wirklich wollen, um die maximale Anzahl von potenziellen Kunden zu erreichen. Besonders mit dem Aufkommen des Internet-Marketings hat der Umfang von MLM oder Network-Marketing den Höhepunkt erreicht. Unternehmen aus verschiedenen Branchen wie Gesundheitsprodukte, Schönheits- und Hautpflegelinien, Kosmetik und vielen anderen können ohne die Umsetzung mehrstufiger Marketingstrategien, insbesondere im Rahmen ihres Geschäfts, auf Dauer nicht wirklich überleben.

Michael L. Sheffield, CEO von Sheffield Research Network, einem Direktvertriebs- und MLM-Beratungsunternehmen, hat in seinem Direct Sales Journal vom Februar/März 1999 einen Artikel mit dem Titel "Comp Plan Conversion: Direct Sales to MLM Compensation Plans" verfasst, in dem er argumentierte, dass MLM einen Paradigmenwechsel im traditionellen Direktvertriebsgeschäft eingeleitet hat und mit der Internet-Revolution der Erfolg von MLM-Unternehmen um ein Vielfaches gestiegen ist. Er zitierte auch die Aussage von Neil Offen, Präsident der Direct Selling Association, dass MLM von 25 Prozent der Mitglieder der Direct Selling Association im Jahr 1990 auf 77,3 Prozent im Jahr 1999 gestiegen sei.

- ***Mehrstufige Marketing-Möglichkeiten***

Mehrschichtiges Marketing ist ein

Wettlauf unzähliger Chancen und Perspektiven für das Wachstum der Wirtschaft. Heute gilt das mehrstufige Marketing nicht nur als eine der profitabelsten und effizientesten Quellen für das Marketing und den Vertrieb seiner Produkte und die Verbesserung seiner Umsätze, Gewinne und Geschäftsmöglichkeiten, sondern auch als eine Quelle der Schaffung von Arbeitsplätzen in der Wirtschaft. Da sich immer mehr Menschen in Richtung E-Marketing und E-Sales bewegen, schafft MLM einen Ausbruch von Beschäftigungsmöglichkeiten und gilt als Residualeinkommensquelle für eine Reihe von Menschen auf der ganzen Welt, darunter Studenten, Arbeitslose und Frauen, insbesondere Hausfrauen. Nicht nur das, MLM bietet eine Vielzahl von Vorteilen für Unternehmen, um maximale Gewinne zu erzielen.

- ### *Verständnis des MLM-Modells*

Wie bereits erwähnt, ist MLM Marketing auch bekannt als Network Marketing und, wie der Name schon sagt, hat eine Vielzahl von Personen (und/oder Netzwerken), die ein Produkt an Verbraucher vermarkten. Ganz einfach, im Rahmen des mehrstufigen Marketings, beschäftigt ein Unternehmen einen Vertriebsmitarbeiter (manchmal auch als Distributor, Affiliate oder Associate bezeichnet), der die folgenden grundlegenden Aufgaben erfüllt.

Erstens, Kunden gewinnen und Umsätze generieren.

Zweitens, andere Personen als Außendienstmitarbeiter zu generieren, zu rekrutieren und zu schulen, um Kunden zu gewinnen oder Umsätze zu generieren.

Lassen Sie uns im Detail besprechen, wie das mehrstufige Marketingmodell funktioniert.....

- ### *Mehrstufiges Marketingmodell*

Das folgende vierstufige Modell zeigt, wie ein mehrstufiges Marketingmodell funktioniert:

Schritt I: Vertriebsmitarbeiter erhalten Kunden

Zunächst benennt die MLM Company einen Handelsvertreter und/oder Vertriebspartner, dessen Hauptzweck darin besteht, das Produkt oder die

Dienstleistung an potenzielle Kunden zu verkaufen. Die anfängliche Anzahl der Kunden, die Sie gewinnen müssen, variiert je nach Geschäftsplan und Provisionsstruktur. Aber es ist in der Regel besser, so viele Kunden zu gewinnen, wie die Person effektiv halten und wiederholte Verkäufe an sie tätigen kann. Auch wenn die Zahlungsstruktur Ihres Unternehmens lohnender ist, Leute zu schulen, um mehr Kunden zu gewinnen, als als ein MLM-Verkäufer, sollten Sie Ihre Bemühungen einschränken, um ein paar Kunden zuerst in dieser Phase zu gewinnen und sich dann auf die nächste Stufe zu konzentrieren, die sie zur Verkaufsförderung schult. Diese Strategie ist sehr geeignet für Unternehmen, die Sie dafür bezahlen, "Ihre Identität zu duplizieren".

Schritt II: Schulung und Rekrutierung einer Person als Vertriebsmitarbeiter:

Nach der Generierung einiger Kunden und dem Verkauf an sie als normales Direktmarketing oder Direktvertrieb besteht die nächste Aufgabe eines mehrstufigen Verkäufers darin, eine Person zu schulen, die als Handelsvertreter fungiert, und sie davon zu überzeugen, mehr Interessenten einzubringen und mehr Umsatz für das Unternehmen zu generieren. Diese Person würde als Ihre Downline bezeichnet werden. Hier ist Ihre Rolle die eines Personalbeschaffers und nicht die eines Einzelhändlers oder Distributors.

Schritt III: Sie vermitteln dem Vertreter, wie er eine andere Person als Vertriebsmitarbeiter ausbilden und einstellen kann:

Sobald Ihr Vertriebsmitarbeiter

genügend Kunden nach Belieben bekommt und genügend Verkäufe generiert, ist es an der Zeit für Sie, ihn zu schulen, um einen Vertriebsmitarbeiter zu finden. Ihre Arbeit als Führungskraft hat jetzt mehrere Dimensionen, wie z.B. mehr Umsatz zu generieren, Mitarbeiter zum Vertriebsbeauftragten zu schulen und den Vertriebsbeauftragten zu schulen, um zukünftige Mitarbeiter zum Vertriebsbeauftragten auszubilden. Der Schwerpunkt Ihrer Bemühungen wird wiederum von Ihrem Provisionsplan abhängen; Sie als Verkäufer werden Ihre Bemühungen darauf konzentrieren, die höchsten Provisionen zu erzielen.

Schritt IV: Wiederholen Sie die obigen Schritte, um eine Zeichenkette zu erzeugen:

Sobald Sie Ihren Vertriebsmitarbeiter rekrutieren und schulen, um mehr Leute zu schulen und mehr Kunden zu generieren, können Sie jetzt einen anderen Vertriebsmitarbeiter einstellen und das gleiche Verfahren anwenden, indem Sie Vertriebshändler innerhalb Ihrer Downline vernetzen. Deshalb wird es als Multi-Level- oder Network-Marketing bezeichnet, und deshalb können Unternehmen durch MLM-Taktik nicht nur zuverlässige Kunden generieren, sondern auch ihre Produkte und/oder Dienstleistungen mit minimalen Kosten und in relativ kürzerer Zeit als herkömmliche Marketingmethoden zu einer Masse von Menschen bringen.

Das obige Verfahren erklärt das MLM-Modell gut, aber ist es immer einfacher, so zu erhalten, wie es scheint, oder wie kann ein Unternehmen MLM-Marketing fördern? Ein gut durchdachter Vergütungsplan ist die einzige Antwort auf die oben genannten Fragen. In unserem nächsten Kapitel werden wir Richtlinien für

die Entwicklung eines effektiven
Vergütungsplans diskutieren.

Praktische Ratschläge

Wie bereits erwähnt, ist Multi-Level-Marketing einfach ein Geschäftsmodell für den Transfer von Produkten und Dienstleistungen von der Produktion zum Verbraucher über ein Netzwerk unabhängiger Vertriebspartner mit einem mehrstufigen Provisionszahlungsplan. Da Vertriebshändler andere Vertriebshändler rekrutieren und Teams für die Zusammenarbeit einrichten können, ist auch der Zahlungsplan etwas komplex. In jedem MLM-Unternehmen der grundlegende Schlüssel zur Förderung der MLM-Marketing-Truppe in die Richtung, die erforderlich ist, um die besten Ergebnisse zu erzielen, ist der Vergütungsplan. Provisionspläne oder Vergütungspläne sind die Art und Weise, wie MLM-Unternehmen die Produktion eines Distributors belohnen, die den

Vertriebskanal antreibt, um die Gewinne zu maximieren.

> ### *Grundlegende Vergütungsstrategie*

Es ist wichtig zu beachten, dass jedes Unternehmen anders ist und unterschiedliche Provisionspläne hat, von denen einige auch komplex oder kompliziert erscheinen. Die zugrunde liegende Eliminierungsstrategie hat jedoch die folgenden Grundkomponenten.

Einzelhandelsvertriebsprovision: Wie der Name schon sagt, ist die Einzelhandelsprovision die Provision, die zugeordnet wird, um den Verkäufer zu motivieren, Umsatz zu generieren. Die Provision, die einem Verkäufer für die Anzahl der Verkäufe gezahlt wird, die er an seine Kunden tätigt.

Sponsorenkommission: Die nächste Komponente eines MLM-Vergütungsplans ist die Provision, die an einen Verkäufer für Verkäufe gezahlt wird, die durch seine Downline generiert werden, so dass sich der Verkäufer darauf konzentrieren muss, andere Außendienstmitarbeiter für die Verkaufsförderung zu gewinnen und zu generieren. Unternehmen, die ihre Marketing- und Vertriebsbemühungen ausweiten wollen, zahlen in der Regel bessere Provisionen, um ihren Verkäufer zu motivieren, mehr Außendienstmitarbeiter für das Unternehmen zu gewinnen.

Trainingskommission: Nur wenige Unternehmen bezahlen ihre Verkäufer auch für die Schulung von Außendienstmitarbeitern. Diese Vertriebsmitarbeiter fungieren im Wesentlichen als Führungskräfte und verfügen über die Erfahrung, das Wissen und die Fähigkeiten, um neue Mitarbeiter zu schulen.

Zusätzlich zu den oben genannten Komponenten ist es auch wichtig zu erwähnen, dass es bei MLM um fremdfinanzierte Einnahmen geht, d.h. um einen Handelsvertreter, der nicht nur Provisionen für seinen eigenen Umsatz verdient, sondern auch Provisionen für Umsätze, die von Personen erzielt werden, die er als Handelsvertreter eingeführt, ausgebildet und eingestellt hat. Es ist auch unerlässlich, dass Marketingspezialisten sich vor Taktiken hüten, die manchmal von einigen wenigen MLM-Unternehmen bei der Entwicklung komplexer Vergütungspläne nicht ethisch korrekt angewendet werden. In den folgenden Kapiteln werden wir MLM-Betrügereien und Betrügereien und die Mittel zu ihrer Verhinderung diskutieren.

✓ *Wie man ein gutes MLM Business findet*

Obwohl das Multilevel-Marketing-Geschäft sehr gute Chancen und Perspektiven für Wachstum und Erfolg hat, zeigt die Statik jedoch, dass die meisten Menschen, die in dieses Unternehmen eintreten, vor einem Hindernis stehen. Eine Studie zeigt, dass fast 85 Prozent der MLM-Unternehmen in den ersten achtzehn Monaten scheitern. Daher ist es für eine Person von entscheidender Bedeutung, dieses Unternehmen mit Bedacht zu starten. Hier sind einige Richtlinien, die Sie befolgen sollten:

Schritt I: Forschen Sie das Unternehmen.

Es ist entscheidend für den Erfolg eines Vermarkters, sich einem Unternehmen anzuschließen, das solide und tragfähig ist, um als Multi-Level-Vermarkter einzusteigen. Hier sind einige Punkte zu beachten:

Beginnen Sie mit einem Unternehmen mit viel Erfahrung:

Um in das Multi-Level-Marketing einzusteigen, ist es in der Regel ratsam, mit einem erfahrenen Unternehmen zu beginnen, das seit mindestens drei Jahren oder mehr im Geschäft ist. Der Grund dafür ist, dass das Unternehmen selbst die erste Überlebensphase hinter sich hat und sich nun in der Wachstumsphase befinden muss, um seine Erfolgsaussichten als Vermarkter zu erhöhen.

Entscheiden Sie sich für eine

Aktiengesellschaft:

Namhafte und etablierte Unternehmen sind nicht nur sicherer zu betreten, sondern haben auch einfachen und hochrangigen Zugang zu Informationen über den Hintergrund des Unternehmens, seine Mitarbeiter sowie seine wirtschaftliche und finanzielle Stärke. Es wird auch empfohlen, das Gehalt oder die Provision mit dem durchschnittlichen Umsatz des Unternehmens zu vergleichen, das Ihnen sagt, ob es ein guter Ausgangspunkt ist.

Wählen Sie ein Mitglied einer Geschäftsstelle aus:

Es ist immer ideal, einem Unternehmen beizutreten, das Mitglied einer Geschäftsstelle ist oder bei der Direct Selling Association registriert ist. Dies garantiert nicht nur die Zuverlässigkeit des Unternehmens, sondern kann auch bei diesen Organisationen Beschwerden über ein Fehlverhalten des Unternehmens einreichen.

✓ *Untersuchen Sie die Geschichte des Unternehmens:*

Im Wesentlichen ist es wichtig, sich das Unternehmen anzusehen, um zu sehen, wie es Geschäfte macht, und zwar aus ethischen Gründen? Überprüfen Sie seine Akte. Finden Sie heraus, ob Sie eine stabile Erfolgsbilanz haben und ob die Werte des Unternehmens mit Ihren übereinstimmen. Sie ist von wesentlicher Bedeutung für die langfristige Präsenz in der mehrstufigen Marketingbranche.

Schritt II: Forschen Sie das Produkt:

Neben der Identifizierung eines soliden Unternehmens ist es auch sehr wichtig, das zu vermarktende Produkt zu kennen. Denken Sie daran, dass Ihr Erfolg als mehrstufiger Verkäufer letztendlich vom Verkauf des von Ihnen angebotenen Produkts abhängt. Hier sind einige Fragen zu beantworten:

✓ *Ist das Produkt marktfähig?*

Als Verkäufer ist es wichtig, ein Produkt zu kaufen, das sehr marktfähig ist und solide Qualitäten und Eigenschaften hat, durch die Sie den Verkauf fördern können. Auch um Produkte zu verkaufen, ist es notwendig, ihre Eigenschaften zu kennen. Manchmal ist es wesentlich wichtig zu forschen und genügend Wissen zu haben, um Ihr Selbstwertgefühl zu kommerzialisieren. Zum Beispiel, wenn Sie eine Computersoftware verkaufen, sollten Sie über gute Kenntnisse der Technologie verfügen. Daher muss ein Vermarkter vor dem Kauf eines Unternehmens diese Fragen bewerten.

✓ *Gefällt dir das Produkt?*

Wenn Ihnen das Produkt gefällt, ist es für Sie einfacher, es zu vermarkten, und deshalb können Sie auch andere davon überzeugen, Außendienstmitarbeiter zu werden. Denken Sie daran, dass Multi-Level-Marketing mehr Mundpropaganda ist, wenn Sie sich selbst mögen, fühlen Sie sich sicherer, weil Sie wissen, dass das Produkt gut ist und Sie keine falschen Versprechungen machen.

✓ *Ist es preiswert?*

Naive Verkäufer ignorieren oft die Bedeutung des Preises, was einer der Gründe für ihr Scheitern im Feld ist. Es ist von entscheidender Bedeutung, sicherzustellen, dass Ihr Produkt preiswert ist und übermäßige Qualitäten aufweist oder vergleichsweise billiger ist als andere auf dem Markt erhältliche Marken, da es sonst für einen Verkäufer fast unmöglich sein wird, genügend Umsatz zu generieren. Auch einige Unternehmen bieten Rabatte auf eine bestimmte Anzahl von Verkäufen an, Sie sollten die damit verbundenen Rabatte identifizieren, um Ihre Gewinne zu verbessern.

✓ **_Ist das Produkt Verbrauchsmaterial?_**

Um mehr Provisionen zu generieren, versuchen Sie, Konsumgüter auszuwählen, da dies die Chancen auf Wiederholungsverkäufe erhöht. Darüber hinaus können Sie, wenn Ihrem Kunden das Produkt gefällt, es langfristig behalten und ihn so davon überzeugen, als Außendienstmitarbeiter zu fungieren, was letztendlich unsere zukünftigen Gewinne steigern wird.

✓ **Gibt es eine Nachfrage nach dem Produkt?**

Wählen Sie niemals Produkte aus, die veraltet oder am Point of Sale übermäßig verfügbar sind. Wenn Ihre Produkte nicht genügend Nachfrage haben, würden Sie Zeit und Mühe umsonst verschwenden.

Schritt III: Forschen Sie den Vergütungsplan:

Der nächste entscheidende Schritt ist, den Vergütungsplan gut zu verstehen. Da ein mehrstufiger Lieferant in den meisten Fällen eine doppelte Dienstleistung erbringt; eine als Lieferant und die andere als Personalvermittler, hängt Ihre Provision und Vergütung von beiden ab. Deshalb ist es wichtig, die Vergütungspolitik des Unternehmens frühzeitig zu verstehen. Hier sind einige Tipps:

✓ *Basiert Ihre Vergütung auf Verkäufen oder Rekrutierungen?*

Denken Sie daran, dass es illegal ist, Provisionen für die Anzahl der Rekruten zu zahlen. Daher müssen Sie den Vergütungsplan identifizieren. Dies wird dir helfen, deine Bemühungen zu konzentrieren.

Identifizieren Sie versteckte Kosten:

Einige Unternehmen verlangen eine Anzahlung oder einen Mitgliedsbeitrag, um sich als Verkäufer oder Handelsvertreter im Namen der Unternehmen zu registrieren. Identifizieren Sie, ob Sie generieren werden.

genug Provisionen, um Ihr anfänglich bezahltes Geld zu decken. Auch wenn die Investition relativ hoch ist, seien Sie vorsichtig, da einige betrügerische Unternehmen bitten, zunächst große Summen zu zahlen. Verzichte immer darauf, dich ihnen anzuschließen.

✓ **Haben Sie ein Ziel zu erreichen?**

Du musst deine Ziele finden, z.B. wie viele Mitglieder du rekrutieren musst. Einige Unternehmen verlangen, dass Sie eine bestimmte Anzahl von Personen in einem bestimmten Zeitraum registrieren, bevor Sie die Zahlung erhalten. Nicht nur, dass nur wenige Unternehmen verlangen, dass Sie das angestrebte Umsatzniveau überschreiten, bevor Sie bezahlen. Dies kann für neue und naive Verkäufer zu Problemen führen.

Darüber hinaus gibt es noch weitere wichtige Punkte, die Ihren Erfolg als mehrstufiger Verkäufer garantieren. Das sind die hier:

Lieferantenschulung:

Einige Unternehmen bieten ihren MLM-Außendienstmitarbeitern und Verkäufern Schulungen zu Produkteigenschaften und Firmenprofilen an. Gute Unternehmen schulen auch ihre Mitarbeiter, um ihre Marketingfähigkeiten zu verbessern. Es ist am besten, ein solches Unternehmen zu wählen, besonders wenn Sie neu in der mehrstufigen Marketingbranche sind.

Aktive Teilnahme:

Einige Unternehmen bieten auch ein Diskussionsforum an, in dem Sie mit anderen Mitgliedern interagieren können. Es ist gut für Sie, denn im Laufe Ihrer Arbeit können sich einige Fragen ergeben, auf die Sie Antworten benötigen und Sie möchten Vorschläge von anderen Personen im gleichen Unternehmen erhalten, die Ihnen helfen können, Ihre Zweifel auszuräumen und Ihnen die richtigen Antworten zu geben, die Sie benötigen.

Akzeptieren Sie die Empfehlung des

aktuellen Mitglieds:

Kontaktieren Sie immer jemanden, der bereits Mitglied bei MLM ist. Fragen Sie sie nach ihren Empfehlungen über das Unternehmen und ihren Ansichten darüber, wie das MLM-System im Unternehmen funktioniert.

Hüte dich vor Betrügereien:

Es gibt eine Reihe von falschen Unternehmen und falschen Behauptungen. Sei vorsichtig mit ihnen. In den folgenden Kapiteln werden wir im Detail MLM-Betrug besprechen, der Sie vor dem Einstieg in gefälschte Unternehmen schützt.

Kurz gesagt, ein gutes Unternehmen besteht aus Menschen, die sich für Produkte einsetzen, die wirklich dazu beitragen, das Leben der Menschen zu verbessern, die ihre Vertriebspartner als ihr Kapital betrachten und vielversprechende Vergütungspläne haben, die gut für die Leistung bezahlt werden, die ihre Mitarbeiter ausbilden und die immer da sind, um ihren Mitarbeitern zu helfen. Daher, wenn Sie die oben genannten Schritte befolgen, werden Sie in der Lage sein, ein gutes MLM-Unternehmen auszuwählen, das Ihnen den Erfolg als mehrstufiger Vermarkter garantiert.

Mehrstufiges Marketing im Vergleich zu traditionellen Unternehmen

Mehrstufige Marketingverfechter beschreiben MLM als das effizienteste und effektivste Mittel, um Marketing und Kontakte und Verkäufe für Ihr Unternehmen zu generieren. Aber traditionelle Marketingunternehmen zögern, neue Network-Marketing-Strategien zu entwickeln, um ihr Geschäft zu führen. Darüber hinaus verstehen die meisten Menschen die Unterschiede zwischen den beiden Strategien nicht einmal genau. Aus diesem Grund haben wir dieses Kapitel der Erforschung des Unterschieds zwischen mehrstufigem Marketing und traditionellen Marketingstrategien gewidmet.

Lassen Sie uns die wichtigsten

Unterschiede untersuchen:

- ### *Unterschied zwischen MLM und traditionellem Marketing*

Der wichtigste Unterschied zwischen MLM und traditionellem Marketing ist die Rolle des Vermarkters. Im mehrstufigen Marketing wird zunächst eine Person als Außendienstmitarbeiter eingestellt, die das Unternehmen und seine Produkte und/oder Dienstleistungen vermarkten und Umsatz generieren muss, was einem traditionellen Marketingunternehmen sehr ähnlich ist. Andererseits sind Sie aber auch im Rahmen des mehrstufigen Marketings verpflichtet, weitere Außendienstmitarbeiter als Ihre Downline zu identifizieren und zu gewinnen. Der neue Handelsvertreter kann seinerseits eine andere Person zum Handelsvertreter oder Vermarkter des Unternehmens ernennen.

Unter MLM hat ein Verkäufer die Berechtigung, Kunden zu gewinnen und rekrutiert und schult einen anderen Verkäufer, um Kunden zu gewinnen. In einem traditionellen Marketingunternehmen werden jedoch ein Vertriebsleiter und/oder Vertriebsmitarbeiter vom Unternehmen selbst eingestellt.

Unter MLM kann eine unbegrenzte Anzahl von Außendienstmitarbeitern eingestellt werden, unabhängig davon, ob sie genügend Umsatz generieren oder nicht, jedoch werden unter einem Nicht-MLM-Unternehmen Außendienstmitarbeiter auf der Grundlage der finanziellen Ressourcen des Unternehmens eingestellt. Ein neuer Vertriebsleiter wird ebenfalls nur dann eingestellt, wenn der bestehende Manager überfordert ist.

In einem MLM-Unternehmen erweitert sich die Struktur des Vertriebsnetzes vertikal, während in einem traditionellen Marketingunternehmen im Allgemeinen eine horizontale Expansion stattfindet.

MLM-Verkäufer erhalten oft Provisionen, d.h. ihre Vergütung richtet sich in der Regel nach der Anzahl der Verkäufe, die sie oder Personen in ihrer Downline getätigt haben. Aus diesem Grund expandiert MLM rasant, da Vertriebsmitarbeiter beliebig viele Außendienstmitarbeiter einstellen können und sich das Unternehmen keine Sorgen um Fixgehälter machen muss. Im traditionellen Marketing erhalten Vertriebsleiter oder Repräsentanten jedoch oft ein Fixgehalt.

Darüber hinaus erfordern MLM-

Unternehmen in der Regel keine hohen Gründungskosten im Vergleich zu traditionellen Unternehmen, die große Investitionen erfordern, um einen kompletten Marketing- und Vertriebskanal aufzubauen.

Eines der anderen Hauptmerkmale des Multi-Level-Marketings ist, dass Muttergesellschaften viel Geld verdienen. Die Vertriebsmannschaft von MLM ist so groß, dass selbst wenn kein Promoter auf hohem Niveau verkauft, sondern die Gruppe als Ganzes auf einem sehr hohen Niveau verkauft, das Unternehmen dennoch die Vorteile genießen würde. Im traditionellen System jedoch, wenn ein Manager nicht gut funktioniert, wird der Umsatz des Unternehmens negativ beeinflusst.

Unter MLM verdienen diejenigen mit hoher Leistung viel und erreichen die

Spitze, während der Rest (diejenigen mit niedriger Leistung) nicht überleben und den Markt alleine verlassen kann. Das MLM-Unternehmen, wie jedes andere traditionelle Unternehmen, muss sich keine Sorgen machen, durch die mühsamen Verfahren der Begutachtung, Einstellung und Entlassung, und so weiter.

Die oben genannten Unterschiede verdeutlichen daher deutlich die Vorteile des mehrstufigen Marketings gegenüber traditionellen Marketingmethoden, da MLM nicht nur die flexibelste Form des Marketings ist, sondern aufgrund seiner Netzwerkeigenschaft auch die Tendenz hat, schnell im Markt zu expandieren und bei effektiver Ausrichtung enorme Gewinne für das Unternehmen zu erzielen. Nicht nur Menschen, die jederzeit in das Marketing-Team unter MLM eintreten können, können arbeiten und die Vorteile nicht nur für den Umsatz, sondern auch für den Umsatz der von ihnen rekrutierten

Vertreter nutzen. Daher hat MLM die Merkmale, dass es über fremdfinanzierte Einnahmen und eine höhere Marktdurchdringung verfügt.

✓ **_Du musst deine Fähigkeiten als Verkäufer verbessern._**

Für einen Verkäufer ist es wichtig zu verstehen, dass, egal wie groß das Unternehmen ist, das er wählt und wie anspruchsvoll die Produkte sind, nicht vergessen werden sollte, dass mehrstufiges Marketing viel Arbeit und Engagement erfordert. Es ist nicht möglich, große Summen zu verdienen, indem man sich nur einmal anmeldet und dann herum sitzt und darauf wartet, dass das Geld ankommt. Sie müssen sich ständig weiterbilden und aktualisieren und Ihre Bemühungen verbessern, um langfristige Gewinne zu sichern und Gewinne zu maximieren. Hier sind einige

Tipps, die Ihnen helfen, Ihre Fähigkeiten als mehrstufiger Verkäufer zu verbessern.

Verwalten Ihrer Downline:

Denken Sie daran, dass Ihre Downline Ihr Vermögen und eine Einnahmequelle ist. Daher ist es wichtig, Ihre Downline richtig zu managen und Ihre Downline weiterhin zu motivieren, maximale Ergebnisse zu erzielen und maximale Umsätze zu generieren.

Verstehen Sie verschiedene Menschen:

Es ist wichtig für einen Verkäufer zu verstehen, dass er oder sie es mit einer Reihe von Menschen gleichzeitig zu tun hat, die meisten davon mit unterschiedlichem Hintergrund. Es ist wichtig für ihn, jeden von ihnen angemessen zu schulen, da jeder von ihnen eine andere Menge an Informationen und Fähigkeiten benötigt, um ihre Effizienz zu verbessern. Auch um Menschen davon zu überzeugen, als Handelsvertreter zu agieren, müssen Sie als Verkäufer sie entsprechend ihren Bedürfnissen und ihrem Niveau überzeugen.

Lerne, Ablehnung zu akzeptieren:

Mehrstufiges Marketing hat eine hohe Ablehnungsrate, daher ist es wichtig, eine positive Einstellung zu bewahren und ein "NEIN" zu akzeptieren.

Bleib konzentriert und sei hartnäckig:

Einige Leute neigen dazu, das Interesse schnell zu verlieren, wenn sie denken, dass ihre Pläne nicht perfekt funktionieren. Ein mehrstufiger Vermarkter sollte dies vermeiden, da es hartnäckige und gezielte Anstrengungen erfordert, um Erfolg zu erzielen.

Ständige Forschung betreiben:

Auch hier hängt Ihr Erfolg als Verkäufer stark vom Unternehmen und dem von Ihnen gewählten Produkt ab. Daher ist es unerlässlich, vor dem Eintritt in das Unternehmen eine gründliche Untersuchung durchzuführen.

Trainieren und aktualisieren Sie sich ständig:

Versuchen Sie, Unternehmen

auszuwählen, die ihren Verkäufern eine ständige Schulung anbieten, dies wird Ihnen helfen, Ihr Auto zu aktualisieren. Wenn Sie die neuesten Trends, Technologien und Produkteigenschaften verstehen, sind Sie besser in der Lage, Kunden zu überzeugen, Umsätze zu generieren und Ihre Downline zu führen.

Verbessern Sie Ihre Kommunikationsfähigkeiten:

Effektive Kommunikations- und Verkaufsfähigkeiten sind der Schlüssel zum Erfolg jedes Verkäufers; daher muss ein mehrstufiger Verkäufer seine Kommunikationsfähigkeiten ständig verbessern.

Sprechen für Sprechen.... Zuverlässigkeit:

Um Wiederholungsverkäufe zu erzielen, ist es notwendig, zuverlässige Informationen zu liefern. Daher sollten Sie für die Vermarktung Ihres Produkts verantwortlich sein und unethische Wege zur Generierung von Umsätzen und Interessenten vermeiden.

Erfolgreiche Multilevel-Unternehmen

MLM Business Grundlagen

Tausende von MLM-Unternehmen sind heute auf der ganzen Welt tätig, aber die meisten von ihnen verschwinden mit der Zeit. Immer wieder kommen neue Unternehmen auf den Markt und kommen aus dem Markt. Nur große Unternehmen können eine langfristige Existenz sichern. Es ist von entscheidender Bedeutung, herauszufinden, welche Unternehmen in MLM erfolgreich sind und welche Eigenschaften sie haben. Wie ein Unternehmen den Erfolg seiner MLM-Strategien sicherstellen kann. Dies sind einige der Highlights eines leistungsstarken, mehrstufigen Marketingunternehmens.

✓ *Einzigartiges Produkt:*

Egal wie effektiv Ihre Vertriebs- oder Marketingstrategie ist und wie gut Ihr Außendienst ist, nichts funktioniert, wenn Ihr Angebot es nicht wert ist. Ein einzigartiges und gut entwickeltes Produkt, das die Bedürfnisse des Kunden wirklich erfüllt, ist eine Notwendigkeit. Ohne ein Qualitätsprodukt, das auf dem Markt einzigartig ist, kann man nicht auf dem Markt überleben, egal wie groß man ist.

✓ *Stabilität:*

Das Wort Stabilität bezeichnet oft Langlebigkeit und Langzeitausdauer. Ein etabliertes Unternehmen hat die Möglichkeit, kurzfristige konjunkturelle Schocks in Nachfrage und Preis zu halten. Unternehmen mit kohärenten

Managementplänen und -richtlinien und definierten langfristigen Zielen weisen ebenfalls langfristige Stabilität und Beständigkeit auf. Wenn sich wichtige Entscheidungen und Entscheidungsträger im Laufe der Unternehmensgeschichte häufig verändert haben, ist ihre Stabilität fraglich.

✓ *Finanzkraft:*

Stabilität und finanzielle Solidität sind ein weiterer Bestandteil der Stabilität. Vor dem Einstieg in MLM muss ein Unternehmen feststellen, ob es über ausreichende Ressourcen und Mittel verfügt, um die Vergütung des Vertriebspartners einzuhalten. Unternehmen müssen auch feststellen, ob es sich lohnen würde, Network-Marketing zu implementieren und ob der erwartete Nutzen die damit verbundenen Kosten überwiegen würde.

✓ *Schulung und Unterstützung der Mitglieder*

Das wichtigste Merkmal eines leistungsstarken Multi-Level-Marketing-Unternehmens ist die Qualität seiner Ausbildung und Unterstützung von Vertriebspartnern oder verbundenen Unternehmen. Unternehmen, die ihre Vertriebspartner als aktiv betrachten, konzentrieren sich immer auf die Aus- und Weiterbildung ihrer Mitarbeiter, nicht nur um ihre Fähigkeiten zu verbessern, sondern auch, um mit allen Veränderungen und neuen Trends in der mehrstufigen Marketingbranche Schritt zu halten. Diese Unternehmen bieten ihren Vertriebsteams kontinuierliche Schulungen durch Webinare, Chatrooms und Videokonferenzen an. Darüber hinaus bieten erfolgreiche Unternehmen ihren Vertriebspartnern verschiedene Kanäle zur

Lösung von Fragen und Problemen an, wie z.B. Live-Chatrooms, Ressourcenbibliotheken, informative und interaktive Websites und Hotlines für den Vertriebssupport.

✓ *Werkzeuge für die Gründung von Unternehmen*

Es ist wichtig, sich daran zu erinnern, dass erfolgreiche Verkäufer für den Erfolg eines Unternehmens unerlässlich sind. Aus diesem Grund stellen leistungsstarke Multi-Level-Marketing-Unternehmen ihren Distributoren oft eine Vielzahl von effektiven Tools zur Verfügung. Verschiedene nützliche Tools wie elektronische Karten, Zeitschriften, Kalender, Customer Relationship Management Systeme, Muster, Tester, Auto-Responder und verschiedene andere Online-Ressourcen werden Ihren Vertriebspartnern zur Verfügung gestellt.

✓ *Vergütungsplan*

Ein effektiver Vergütungsplan ist wiederum eine Voraussetzung für den Erfolg des mehrstufigen Marketings. Ein effektives MLM-Marketingunternehmen kennt die Bedeutung seiner Vertriebskraft und bietet seinen Vertriebspartnern einen großzügigen und ausgewogenen Vergütungsplan. Es ist auch wichtig, dass der Plan, egal welches Vergütungsmodell das Unternehmen verwendet, einfach, unkompliziert und leicht verständlich ist und dass es seine Vertriebspartner oder verbundenen Unternehmen mit progressiven Bonusstufen belohnt. Sie zu motivieren, ihre Anstrengungen zur Umsatzsteigerung zu verstärken und qualifiziertere Interessenten zu gewinnen.

Daher sind dies die grundlegenden

Merkmale, die das Überleben und den Erfolg eines Multi-Level-Marketing-Unternehmens zu gewährleisten, sollten diese wenigen Merkmale Leitfaden, wie man den Erfolg von Multi-Level-Marketing zu gewährleisten.

Ist Multilevel Marketing legal?

Multilevel-Marketing ist ein relativ neues und komplexes Marketingkonzept, obwohl es seit Jahren in der einen oder anderen Form von vielen Unternehmen praktiziert wird, aber die überwiegende Mehrheit der Menschen verwechselt es mit Pyramidenschemata und stellt die Rechtmäßigkeit von Multilevel-Marketing in Frage. Jetzt ist die Frage, ist MLM legal? Hier ist die Antwort: Ja, es ist legal.

Bis 1979 wurde Multi-Level-Marketing in der Regel als Betrug oder illegal angesehen, weil es nie bewiesen und vor Gericht verurteilt wurde. 1975 wurde die Amyway Corporation von der U.S. Federal Trade Commission wegen ihrer Tätigkeit als illegales Pyramidensystem angeklagt und verklagt, und nach vier Jahren

Rechtsstreit gewann Amyway den Fall und das Gericht entschied, dass das mehrstufige Marketingprogramm des Unternehmens ein legitimes Geschäft und kein illegales Pyramidensystem war. Daher ist es heute ganz klar, dass Multi-Level-Marketing legal und kein Betrug ist.

Vorerst ist klar, dass Multi-Level-Marketing legal ist und nicht zweimal überdacht werden sollte. Unternehmen, die mehrstufige Marketingprogramme durchführen, müssen jedoch strikt Strategien entwickeln, die unter die Definition von Multi-Level-Marketing fallen, da es eine schmale Linie zwischen Multi-Level-Marketing und illegalem Pyramidenmarketing gibt. Auch aufgrund der Komplexität der Kommissionsstrukturen entwickeln Unternehmen manchmal, wenn nicht gar illegale, aber unethische Strategien, die für die Gemeinden und die Öffentlichkeit nicht von Vorteil sind.

Um jedoch rechtlich in die Kategorie des Multi-Level-Marketings einzusteigen, müssen neben der Verwendung des gesunden Menschenverstands auch die folgenden Richtlinien der United States Federal Trade Commission (FTC) eingehalten werden:

Gehen Sie niemals einen Plan ein, der Provisionen für die Rekrutierung zusätzlicher Vertriebspartner verspricht. Sie wird nach einem illegalen Pyramidenschema gebildet. Ihre Vergütung muss mit den tatsächlichen Verkäufen von Ihnen oder Ihrer Downline verknüpft sein, nicht mit der Anzahl der Rekruten.

Pläne, neue Vertriebspartner aufzufordern, eine Vorauszahlung zu leisten oder teure Lagerbestände zu kaufen, sind oft skeptisch, so dass es unerlässlich ist, mit ihnen vorsichtig zu sein. Diese Pläne können schnell zusammenbrechen und auch fein verdeckte Pyramidenpläne sein.

Auch Pläne, die behaupten, dass Sie mehr Geld verdienen werden, indem Sie Ihre Downline erhöhen, sind unrealistisch. Sie erhalten Provisionen auf die Verkäufe der von Ihnen eingestellten Personen, nicht nur durch die Einstellung von immer mehr Vertretern. Also sei vorsichtig mit ihnen.

Achte auf die Schillinge. Falsche oder überprojizierte Referenzen, die von Unternehmen verwendet werden, um Sie anzuziehen, sind unrealistisch, also seien Sie vorsichtig.

Denkt daran, ihr verkauft keine Wunder.

Deshalb das Engagement für Unternehmen, die behaupten, wundersame Produkte zu verkaufen. Denken Sie auch daran, dass ein Händler oder Verkäufer nach den FTC-Richtlinien ethisch verantwortlich ist für die Versprechungen, die er oder sie gemacht hat. Also versprich nicht, was du nicht liefern kannst.

Schließen Sie niemals einen Vertrag in einer "Now or Never"-Hochdrucksituation ab. Das alles sind unethische Taktiken, die von Unternehmen praktiziert werden, um dich zu fangen. Nehmen Sie sich immer Zeit und lassen Sie sich von Freunden und anderen Fachleuten wie Buchhaltern, Anwälten usw. beraten, um die Machbarkeit des Projekts zu beurteilen.

Zusätzlich zu den oben genannten Richtlinien verlangt die FTC von der mehrstufigen Marketinggesellschaft, dass sie mindestens 70% ihrer Einnahmen aus Einzelhandelsverkäufen an Nichthändler erzielt. Wenn dieses Kriterium nicht erfüllt ist, sind die Gerichte zu dem Schluss gekommen, dass das MLM-Unternehmen in mehreren Fällen ständig Händler rekrutiert, die Händler rekrutieren, was diese Unternehmen in Pyramidenpläne und nicht in Vertriebsunternehmen verwandeln kann.

Daher sind die oben genannten Richtlinien wichtig, um festzustellen, ob die MLM Company unter die rechtliche Definition von Geschäftstätigkeit fällt. Aber das ist noch nicht alles; abgesehen davon, dass es legal ist, ist es für das mehrstufige Marketingunternehmen von wesentlicher Bedeutung, ethische Standards und Verfahren anzuwenden, um sein Geschäft und seine Gewinne zu generieren. Später in diesem Text werden wir die allgemeinen Betrügereien und unethischen Praktiken hervorheben, die oft von wenigen MLM-Unternehmen praktiziert werden, um ihre Mitarbeiter zu täuschen und Wege, sie zu vermeiden.

Mögliche Betrugsfälle und wie man sie vermeidet

Wie bereits erwähnt, hängt der Erfolg von MLM in hohem Maße von der Zunahme der Anzahl der Verkäufe durch Außendienstmitarbeiter ab. Manchmal verwenden Unternehmen, um Menschen anzuziehen, falsche Angaben. Dieses ist einer der Hauptgründe, die viele Leute fürchten, dass MLM ist, weil sie glauben, dass sie betrogen werden. Wenn Sie das Web durchsuchen, werden Sie viele Beispiele von Unternehmen finden, die falsche Behauptungen aufstellen und MLM-Betrug betreiben. Hier sind einige Beispiele dafür, wie Unternehmen unethische Praktiken anwenden, um Menschen zu täuschen:

Angebot von Geld-zurück-

Garantieprogrammen

Wunder statt echter Produkte anbieten

Bitten Sie neue Vertriebspartner, im Voraus zu bezahlen.

Verspricht, Menschen in den Reihen zu geben, sobald sie sich bei ihnen anmelden.

Manchmal existieren MLM-Unternehmen nicht einmal in der Realität, sie erstellen nur gefälschte Websites, um Einzelpersonen einzufangen.

Erfordern Sie, dass Sie zunächst einen bestimmten Prozentsatz Ihres Produkts kaufen, den Sie möglicherweise nicht verkaufen können und der daher Verluste verursacht.

Ich verspreche Ihnen unangemessen hohe Provisionen auf Ihre Verkäufe.

Abgesehen von ihnen, viele MLM-Unternehmen taktisch planen ihre Provision Regelung, die tatsächlich Geld wegnimmt von Anbietern oder Menschen, die im Netzwerk arbeiten. Naive Verkäufer verstehen normalerweise nicht, dass sie betrogen werden, und selbst nachdem sie hundert Prozent ihrer Bemühungen unternommen und genügend Kunden generiert haben, erreichen sie nicht die unrealistischen Ziele der Unternehmen und können aus ihren Bemühungen nichts herausholen. Aus diesem Grund ist es immer wichtig, dass ein Verkäufer sorgfältig nachdenkt und richtig untersucht, bevor er in das MLM-Unternehmen eintritt, und sich von Unternehmen fernhält, die unethische

Taktiken anwenden, um Gewinne zu erzielen.

Hier sind einige Tipps zur Vermeidung von Betrug.

> ➤ *Tipps zur Vermeidung von mehrstufigen Marketing-Betrug:*

Untersuchen Sie das Unternehmen und sein Management. Wenn Sie zum Beispiel keinen Zugang zum Unternehmen haben, keine Telefonnummern, keine Adressen, keine Ansprechpartner, dann sind das die Zeichen, dass Sie betrogen werden.

Lesen Sie die Richtlinien und Verfahren, bevor Sie beitreten. Beachten Sie auch die Ratschläge einiger Fachleute, bevor Sie einen Vertrag unterzeichnen.

Vermeiden Sie Lead-Generierungssysteme, die auf Freunde und Familie angewiesen sind.

Wir werden den Vergütungsplan verstehen. Stellen Sie auch sicher, dass Sie für die Verkäufe, die Sie und Ihre Downline generieren, entschädigt werden und nicht für die Anzahl der Personen, die Sie rekrutieren, da letzteres ein illegales Pyramidenprogramm ist.

Überprüfen Sie, ob für die oberste Zeile Unterstützung verfügbar ist. Identifizieren Sie, ob das Unternehmen Mittel und Ressourcen in die Ausbildung seiner Vertriebspartner investiert. Nur gute und zuverlässige Unternehmen werden in die Ausbildung ihrer Mitarbeiter investieren.

Wenn das Multi-Level-Marketing-Unternehmen mehrere hundert oder tausend Teilnehmer im Voraus anfordert, besteht die Möglichkeit, betrogen zu werden.

Denken Sie immer daran, dass der Erfolg von MLM Zeit und harte Arbeit erfordert, schließen Sie sich niemals Unternehmen an, die Übernachtgewinne versprechen.

Durch die Einhaltung der oben genannten Tipps kann ein naiver Verkäufer die Wahrscheinlichkeit, betrogen zu werden, verringern und sich daher auf ein zuverlässiges und realistisches MLM-Geschäft konzentrieren.

Mehrstufige Online-Marketing-Möglichkeiten

Bisher basierte unsere Diskussion auf dem Verständnis der Grundlagen des Multi-Level-Marketings und eine Sache, die in unserer Diskussion offensichtlich ist, ist, dass jedes Multi-Level-Marketing-Unternehmen darauf abzielt, immer mehr Interessenten zu erreichen und immer mehr Umsatz zu generieren. Denken Sie jetzt nur einen Moment an die aktuelle Ära, die das bestmögliche Mittel ist, um die maximale Anzahl von potenziellen Kunden mit einem Minimum an Zeit und Aufwand zu erreichen. Die Antwort ist sehr einfach: `Internet'. Durch die Online-Verbindung können MLM-Unternehmen ihr Geschäft in Erfolg verwandeln und Milliarden von Kunden erreichen, indem sie mehrstufige Online-Marketingstrategien integrieren. Die besten mehrstufigen Marketingunternehmen führen mehrere Online-Marketing-Strategien durch, um immer mehr Geschäftsmöglichkeiten zu generieren und konzentrieren ihre Marketingaktivitäten dann auf die Möglichkeiten, Umsätze zu generieren.

Richtlinien für ein effizientes mehrstufiges Online-Marketing

Lassen Sie uns einige Richtlinien untersuchen, um Ihr Online-MLM-Geschäft zu einem Erfolg zu machen;

➢ ***Erstellen Sie Ihre Website:***

Der erste und wichtigste Schritt zur Sicherung Ihrer Online-Präsenz ist die Erstellung Ihrer Website. Jedes Online-Mehrstufensystem beginnt mit einer Website.

➢ *Ziehen Sie Besucher an:*

Egal wie gut Ihr Unternehmen, Ihr Produkt oder Ihre Website ist, es ist wertlos, wenn es niemand weiß? Daher ist der nächste Schritt, um Besucher auf Ihre Website zu ziehen. Jetzt stellt sich die Frage, wie man das macht. Die Antwort ist, sich selbst zu melden. Dies kann durch die Einbeziehung von verschiedenen Online-Marketing-Strategien, wie z. B. durch Artikel-Marketing, virales Marketing, Blogging, Video-Marketing, Social Marketing, und so weiter getan werden.

Marketing, Sponsored Ads wie Pay-per-Click etc. Um maximalen Traffic auf Ihrer Website zu generieren, ist es von entscheidender Bedeutung, effektive Keywords zu verwenden und Inhalte und Taktiken zu entwickeln, die Ihre

Suchmaschinenplatzierungen maximieren. Alle diese Verfahren können, wenn sie effizient eingesetzt werden, Milliarden von Besuchern auf Ihre Website ziehen.

> ➢ **_Generieren Sie potenzielle Kunden:_**

Sobald Sie Traffic auf Ihre Website bekommen, ist es jetzt die Phase, in der Sie Kontaktinformationen erhalten, um Listen mit interessierten Interessenten zu erstellen. Die Generierung von Leads und die Erstellung von Listen ist der wichtigste Schritt. Später in diesem Text werden wir im Detail untersuchen, wie Leads generiert werden können. Sie können dies durch Komprimierungsseiten, Opt-in-E-Mail-Seiten, Pop-ups usw. tun. Auf diese Weise können Sie sich also über die Person informieren, die sich für Ihr Unternehmen und Ihr Produkt interessiert und Sie können Ihr Produkt in Zukunft kaufen.

> *Beziehungen aufbauen:*

Sobald ein Lead generiert wurde, ist es an der Zeit, eine Beziehung mit dem potenziellen Kunden aufzubauen und Vertrauen aufzubauen und ihn zum Kauf des Produkts zu bewegen. Der Kontakt zu Ihrem potenziellen Kunden ist entscheidend. Dies kann über einen automatischen Responder erfolgen, bei dem Sie einen vordefinierten Satz von E-Mails an den potenziellen Kunden senden, um Glaubwürdigkeit und Vertrauen zu schaffen.

> *Generieren Sie Umsätze:*

Sobald Sie das getan haben, können Sie Ihren potenziellen Kunden davon überzeugen, Ihr Produkt zu kaufen und aus Lead einen Kunden zu machen. Denken Sie daran, mit Ihrem Kunden in Kontakt zu bleiben, damit Sie nicht nur Wiederholungsverkäufe tätigen können, sondern ihn auch davon überzeugen können, sich Ihrem Team anzuschließen und ihn schließlich als Außendienstmitarbeiter zu gewinnen.

Wenn Sie die oben genannten Richtlinien befolgen, können Sie als Verkäufer den maximalen Nutzen daraus ziehen und zum Erfolg führen. Für einen mehrstufigen Anbieter ist es jedoch von entscheidender Bedeutung, eine langfristige Beziehung zu seinen Kunden aufzubauen, da dies der Schlüssel zu ihrem langfristigen Überleben in der MLM-Branche ist. Im nächsten Kapitel werden wir die Bedeutung des Beziehungsaufbaus untersuchen.

Die Bedeutung von Beziehungen

Für jedes Unternehmen ist der Schlüssel zum Erfolg der Aufbau von Beziehungen zu seinen Kunden. Dies gilt auch für jedes mehrstufige Marketingunternehmen, denn die Bedeutung des Aufbaus einer Beziehung nimmt im mehrstufigen Marketing doppelt zu, da Sie als Verkäufer Ihre Kunden nicht nur halten müssen, um Wiederholungsverkäufe zu generieren, sondern auch Vertrauen mit ihnen aufbauen müssen, damit Sie sie davon überzeugen können, als Verkäufer und zukünftiger Handelsvertreter in Ihr Team aufgenommen zu werden. Wie baut man also online Beziehungen auf? Hier sind die grundlegenden Tipps, die Sie befolgen müssen, um Online-Beziehungen aufzubauen.

Bringen Sie Mehrwert für Ihre Kunden:

Eine der besten Möglichkeiten, Ihre Kunden zu binden, ist es, ihnen stets einen Mehrwert zu bieten. Im Multi-Level-Marketing ist eine der besten Möglichkeiten, den Wert Ihrer potenziellen Kunden zu steigern, ihnen das beste Produkt zu liefern. Wenn Ihr Produkt die Kunden zufrieden stellt, bedeutet das, dass Sie die ihnen gegebenen Versprechen erfüllt haben und somit Ihre Glaubwürdigkeit entwickeln und die Menschen Ihnen vertrauen und immer wieder zu Ihnen zurückkehren werden.

Das ist es? Nein, denken Sie daran, dass wir über MLM-Marketing sprechen, wo Ihre Gewinne auf den Verkäufen Ihrer Downline basieren. Daher ist es für einen mehrstufigen Verkäufer ebenso wichtig, gesunde und dauerhafte Beziehungen zu

Menschen in ihren Downlines aufzubauen. Ihre niedrigen Linien sind Ihr Kapital. Versuche immer, deine Bedürfnisse zu trainieren, zu helfen und zu erfüllen und immer da zu sein, um deine Probleme und Probleme zu lösen. Auf diese Weise können Sie nicht nur Ihren eigenen Umsatz steigern, sondern auch den Gewinn Ihres Unternehmens.

Markiere dich selbst:

Da viele Menschen tun, Multi-Level-Marketing-Geschäft online und um sich von ihren Konkurrenten zu unterscheiden und sich zu beweisen, ist es wichtig, dass Sie sich selbst eine Marke. Der beste Weg, dies zu tun, ist, Ihre eigene Website oder Ihren eigenen Blog zu erstellen, der den Leuten von Ihnen erzählt. Wenn Sie dies tun, erhöhen Sie Ihre Glaubwürdigkeit und gewinnen gegen Ihre Konkurrenten.

Bleiben Sie in Kontakt:

Ein sehr häufiger Fehler, den die
meisten MLM-Verkäufer machen, ist,
Kunden zu verlassen, sobald sie Verkäufe
tätigen. Tu das niemals. Es ist sehr
wichtig, mit dem Kunden in Kontakt zu
bleiben und ihn zu fragen, wie er das
Produkt gefunden hat, was er sonst noch
im Produkt haben möchte. Diese Taktiken
helfen Ihnen, Ihre Kunden langfristig zu
binden und Wiederholungsverkäufe zu
sichern.

Sei positiv:

Nur wenige Händler werden schnell
wütend, weil die Marktnachfrage
schwankt. Als Führungskraft ist es wichtig,
positiv und hartnäckig zu bleiben, auch

wenn es nicht genügend Verkäufe gibt. Der Grund dafür, ob Ihre losen Hoffnungen die Menschen in Ihrer Downline nicht motivieren können, bleibt daher immer positiv und konzentriert.

➤ *Generierung von potenziellen Kunden*

Während unserer gesamten Diskussion in diesem Text haben wir betont, dass ein mehrstufiger Vermarkter zwei grundlegende Ziele erreichen muss. Der eine ist der Verkauf der Produkte oder Dienstleistungen der Muttergesellschaft und der andere ist die Ermutigung des Kunden, auch ein unabhängiger Distributor zu werden. Beide Ziele erfordern Maßnahmen, die die Schaffung maximaler Geschäftsperspektiven erfordern, auch bekannt als "Business Leads".

Es gibt mehrere Möglichkeiten, potenzielle Kunden zu generieren. Normalerweise generiert ein Verkäufer seine eigenen Leads durch Empfehlungen von Freunden, Familie und Bekannten, aber ist das genug? Daher muss der Verkäufer verschiedene Instrumente wie die Durchführung von Veranstaltungen oder Messen, die Verteilung von Broschüren, andere können die Durchführung von Recherchen beinhalten oder sogar der Verkäufer kann einfach eine Liste von Bauunternehmen aus Listen oder anderen relevanten Quellen kaufen.

Mehrstufige Online-Verkäufer verwenden auch verschiedene Taktiken, um Leads zu generieren. Dies kann durch Komprimierungsseiten, Opt-in-E-Mail-Seiten, Pop-ups usw. erfolgen. Dies sind grundsätzlich gängige Methoden, um Informationen von einem Besucher zu sammeln, z.B. über die Komprimierungsseite, die Sie dem Kunden eine Information in Form eines Artikels oder Videoclips zur Verfügung stellen und ihn dann bitten, seine Kontaktdaten (in der Regel E-Mail-Adresse, Postanschrift und andere Kontaktinformationen) anzugeben, wenn er weitere Informationen benötigt. Auf diese Weise können Sie Informationen über die Person erhalten, die Ihr Produkt in Zukunft kaufen kann. Wenn Sie also eine Online-Existenz haben, sind Sie in der Lage, eine Vielzahl von Geschäftskontakten zu generieren, die im Grunde genommen Ihre potenziellen Kunden sind. Sobald Sie sie erhalten, wird es Ihnen helfen, eine langfristige Beziehung mit ihnen aufrechtzuerhalten, und Sie werden in der Lage sein, sich ihnen zu nähern, um sich selbst, Ihre Angebote und Ihre Dienstleistungen anzubieten.

Ein Multi-Level-Vermarkter muss daher

so viele Kontakte wie möglich generieren, was nicht nur für seine Existenz, sondern auch für das Überleben des Unternehmens entscheidend ist.

> ## *Mehrstufige Marketing-Leistungsmessung*

Ein wesentlicher Bestandteil der Erfolgsanalyse einer mehrstufigen Marketingkampagne ist die Messung der Leistung des mehrstufigen Marketingteams. Sie müssen Key Performance Indicators identifizieren, die einen wesentlichen Einfluss auf die Rentabilität Ihres Unternehmens haben. Diese Schlüsselindikatoren sind im Grunde genommen Checkpoints, die Ihnen helfen, den Fortschritt Ihres mehrstufigen Marketingteams und seine Auswirkungen auf Ihr Unternehmen zu überwachen. Aufgrund der sehr komplexen Natur des Network-Marketing-Szenarios und der allgemein komplizierten Vergütungspläne ignorieren nur wenige Unternehmen manchmal die Bewertung der Leistung ihres Teams und der Gesamtauswirkungen auf das Unternehmen, aber ist es in Ordnung oder ist es ein großer Fehler? Nur ein Verrückter würde sagen, dass er ein Recht hat.

Die Leistung eines mehrstufigen Teams hat einen entscheidenden Einfluss auf Ihr Unternehmen, und es ist entscheidend, die Leistung zu bewerten, da sie Ihnen hilft, Ihre zukünftigen Geschäftsstrategien und Ihren mehrstufigen Marketingplan zu formulieren. Investieren Sie mehr in vielversprechende Bereiche und reduzieren Sie die Anstrengungen, wo es nicht viel Potenzial gibt. Die Frage ist jedoch, wie Sie die Leistung Ihres Teams messen, wie Sie nützliche Daten für die Planung der zukünftigen Geschäftsstrategie liefern und was sind die wichtigsten Leistungsindikatoren?

Zur Beurteilung der Leistung ist es unerlässlich, Schlüsselindikatoren zu identifizieren. Identifizieren Sie beispielsweise, ob Ihr Team die ihm zugewiesenen Ziele erreicht hat, die Anzahl der von Ihrem Team getätigten Verkäufe, die Anzahl der wichtigsten Rekruten, die Sie erhalten, die Durchführung einer Kosten-Nutzen-Analyse, die Anzahl der Wiederholungsverkäufe oder Wiederholungskunden, die Umsatzsteigerung, die Zufriedenheit Ihres Teams, die Zufriedenheit Ihrer Kunden usw.. Sobald Sie dies getan haben, können Sie diese Ergebnisse nutzen, um zukünftige Geschäftsrichtlinien zu entwickeln. Die Messung von Key Performance Indicators ist daher ein anerkannter Prozess und wird von fast allen großen Unternehmen als Grundlage für die Formulierung zukünftiger Strategien genutzt.

Ein weiterer wichtiger Punkt, den Sie beachten sollten, ist die Bewertung Ihrer Unternehmensziele. Einige Unternehmen setzen sich unrealistische Ziele, die nur sehr schwer zu erreichen sind. Um die tatsächliche Leistung zu beurteilen, ist es auch wichtig, Ihren Vergütungsplan zu bewerten. Wenn beispielsweise die Kundenbindung sehr gering ist, anstatt Ihr Team zu bestrafen, sollten Sie Ihren Provisionsplan neu bewerten und herausfinden, warum Ihr Team keine effektiven Ergebnisse erzielen kann. Beachten Sie auch die Kräfte, die nicht unter der Kontrolle Ihrer Lieferanten stehen, z.B. ein wirtschaftlicher Abschwung, ein kurzfristiger Rückgang der Nachfrage usw. Um die Langlebigkeit zu gewährleisten, müssen MLM-Unternehmen daher ständig die Leistung ihrer Ausrüstung bewerten und Maßnahmen ergreifen, um Löcher in der Schleife zu korrigieren.

Vorteile des mehrstufigen Marketings

Mehrstufiges Marketing bietet eine Vielzahl von Vorteilen. Nachfolgend sind einige Vorteile aufgeführt, die mit dem MLM-Geschäft verbunden sind:

- ### Minimale Zugangsbarrieren:

Multilevel-Marketing wie jedes andere Online-Marketing ist eine egalitäre Branche, die Sie betreten können und hat keine Zugangsvoraussetzungen für Schmerzen. Auch um Ihre Karriere als mehrstufiger Verkäufer zu beginnen und ein MLM-Unternehmen professionell zu gründen, müssen Sie nicht hoch qualifiziert sein, d.h. Sie können dieses Unternehmen ohne Abschluss oder besondere Erfahrung beginnen.

• *Finanzielle Flexibilität:*

Im Vergleich zu anderen Unternehmen hat das MLM-Geschäft relativ niedrige Gründungskosten. Obwohl die tatsächlichen Kosten je nach Art des von Ihnen angebotenen Vergütungsplans erheblich variieren, benötigen z.B. nur wenige Unternehmen eine beträchtliche monatliche Investition in Produkte oder Dienstleistungen oder einige Unternehmen benötigen zusätzliche Kosten wie Registrierung usw., um als Ihr Handelsvertreter oder Verkäufer beizutreten.

• *Es erfordert gezielte Anstrengungen:*

Der Ansatz eines MLM-Verkäufers ist es, nur das Produkt zu vermarkten, d.h. Sie müssen Ihre Bemühungen auf die Generierung von Vertriebs- und Handelsvertretern konzentrieren. Alles andere erledigt das Unternehmen selbst, d.h. Sie vermarkten nur ein bereits hergestelltes Produkt, und wenn Sie einen Verkauf tätigen, müssen Sie sich um nichts anderes kümmern, wie z.B. den Versand des Produkts an den Kunden, etc.

- *Flexibler Zeitplan:*

Sie können Ihr Unternehmen jederzeit verwalten. Sie haben die Flexibilität, Ihren Arbeitszeitplan zu wählen. Sie können Teilzeit, Vollzeit, abends, von zu Hause oder anderswo aus arbeiten. Außerdem benötigen Sie kein geeignetes Büro oder einen geeigneten Unternehmensbereich, von dem aus Sie arbeiten können.

- **MLM bietet gehebelte Einnahmen:**

Einer der größten Vorteile in einem MLM-Unternehmen ist, dass Sie im Grunde genommen erste Anstrengungen in die Schulung und Generierung eines effektiven Außendienstmitarbeiters und die Entwicklung einer effizienten Downline stecken. Sobald Sie dies getan haben, können Sie die Gewinne für den Rest Ihres Lebens ernten. Da Sie in der Regel eine Kompensation oder Provision auf die von Ihnen generierten Verkäufe sowie Ihre Downline und die effizientere und fleißigere Downline verdienen, können Sie umso mehr Geld verdienen. Aus diesem Grund wird MLM in der Regel als Quelle von Fremdkapitaleinnahmen angesehen, d.h. Sie erhalten ein kontinuierliches Einkommen aus einer einzigen Anfangsmaßnahme.

- **Bereits bestehende Systeme**

Als MLM-Anbieter müssen Sie keine Systeme zur Rekrutierung, Entwicklung und Schulung Ihrer Mitarbeiter entwickeln. Diese werden von dem von Ihnen vertretenen Unternehmen abgewickelt. Alles, was Sie tun müssen, ist, die Menschen zu erreichen, um Ihr Produkt zu vermarkten und Verkäufe zu generieren, und sie davon zu überzeugen, als zukünftige Außendienstmitarbeiter zu fungieren.

- **Persönliches Wachstum und Entwicklung:**

MLM-Marketing wird auch als eine umfassende Quelle des persönlichen

Wachstums und der
Lieferantenentwicklung angesehen. Im
Laufe der Zeit erreichen Sie nicht nur
professionelle Vertriebsqualitäten, sondern
MLM hilft Ihnen auch, Ihre
Öffentlichkeitsarbeit zu verbessern und
Ihre Marketing- und Führungsqualitäten
zu verbessern.

> ### Nachteile des mehrstufigen Marketings

Nachdem wir die Vorteile besprochen
haben, lassen Sie uns nun die dunklere
Seite untersuchen, die die Nachteile des
mehrstufigen Marketings sind. Hier ist die
Liste:

- ### Komplexe Vergütungspläne:

Es ist wichtig zu beachten, dass Vergütungs- oder Provisionspläne in der Regel nicht so einfach sind, wie es scheint. Meistens setzen Unternehmen, um MLM finanziell tragfähig zu halten, eine Reihe von Zielen auf der Grundlage von Umsatz, Leistung oder Standards und werden erst bezahlt, wenn diese Ziele erreicht sind. Zum Beispiel zahlen nur wenige Unternehmen, wenn Sie eine bestimmte Anzahl von Vertretern einstellen, um zukünftige Umsätze zu generieren; wenn Sie dies nicht tun, werden Sie nichts von Ihren Verkäufen erhalten.

- *Finanzielle Zusage:*

Nur wenige Unternehmen fangen Marketingfachleute ein, indem sie sie um eine Reihe versteckter Gebühren in Form von Registrierungsgebühren, Trainingsgebühren oder sogar gelegentlich um die Kosten für das Marketingmaterial oder die von ihnen zur Verfügung gestellten Tools (z.B. CDs, Broker, Handbücher usw.) bitten, um Marketingfachleute zu schulen, um sie über das Produkt und seine Eigenschaften sowie das Unternehmen zu informieren. Meistens müssen Sie sich verpflichten, jeden Monat eine bestimmte Menge an Produkten zu kaufen, um weiterhin berechtigt zu sein, am Programm teilzunehmen. Das macht es Ihnen schwer, profitabel zu bleiben und behindert Ihren langfristigen Bestand in der Branche.

- ***Es erfordert eine breite Motivation:***

Denken Sie daran, dass es bei MLM um fremdfinanzierte Einnahmen geht. Du kannst nur überleben, wenn du Geld mit deinen eigenen Verkäufen und den Verkäufen über deine Downline verdienst.

Daher ist es von entscheidender Bedeutung, dass Sie Ihre Downline motiviert und konzentriert halten. Es ist auch notwendig, mehr und mehr Menschen auszubilden und einzustellen, um mehr Einkommen zu generieren. Daher erfordert MLM kontinuierliche Anstrengung und harte Arbeit für das zukünftige Überleben.

- ### *Harte Konkurrenz:*

Da das MLM-Geschäft keine Berufsbezeichnung oder -fähigkeit erfordert und zudem relativ frei von Initiations- oder Eintrittsbarrieren ist, fördert es den harten Wettbewerb. Jeder kann in den Markt eintreten und Ihnen Ihre Interessenten wegnehmen. Aus diesem Grund, um die Langlebigkeit zu gewährleisten, muss ein seriöser MLM-Verkäufer wirklich hart arbeiten, da es viele andere gibt, die bereit sind, mit ihren

Sponsoren zu arbeiten.

Die Geschäftsperspektive

Es gibt so viel Hype überall über den Erfolg von MLM und die finanziellen und anderen Belohnungen im Zusammenhang mit dem Einsatz einer erfolgreichen MLM-Kampagne. Aber was sind die Statistiken? Was sind die wahren Fakten? Wenn Sie Ihre Forschung betreiben, werden Sie feststellen, dass, obwohl mehrere Unternehmen ihre Erfolgsgeschichten mit MLM verbinden. Große Giganten wie Avon, Amyway, Mary Kay und viele andere haben großartige MLM-Teams, die für sie ein Vorteil sind. Aber es ist auch wahr, dass fast siebzig oder achtzig Prozent der Unternehmen, die zum ersten Mal ins Feld gehen, mit Misserfolgen und Verlusten zu kämpfen haben - warum das so ist und wo die Dinge falsch laufen? Hier sind einige Bereiche, die einer angemessenen Prüfung bedürfen:

- ***Gründe für MLM-Ausfälle***

Lassen Sie uns einige Gründe für MLM-Fehler aus der Sicht eines Unternehmens herausfinden:

- ***Die falschen Leute auswählen:***

Eine der größten Gefahren ist die Auswahl der falschen Personen. Um ihre Provisionen zu maximieren, wählen MLM-Promotoren oft jeden aus, wenn sie Personen rekrutieren, die Teil ihrer Downline sind. Menschen, die es nicht wirklich ernst meinen und wenn sie nicht genug Provisionen machen können, schildern überall ein schlechtes Image des Unternehmens. Dies ist gefährlich für das zukünftige Wachstum eines

Unternehmens. Andere Personen können zögern, dem Unternehmen beizutreten und/oder das Produkt zu kaufen.

- ***Engagement für Forschung und Entwicklung:***

Es ist auch wichtig, dass sich Unternehmen daran erinnern, dass MLM ein integraler Bestandteil ihrer Geschäftsstrategie ist. Nur wenige Unternehmen konzentrieren alle ihre Bemühungen auf MLM und vergessen den Rest. Hier laufen die Dinge schief. Bei exzellenten Marketinganstrengungen ist es auch entscheidend, in die Forschung zu investieren.

und die Entwicklung und Produktion eines einzigartigen Produkts mit hervorragenden Eigenschaften. Egal wie gut Ihr Marketing- und Vertriebsnetz ist, ohne ein vielversprechendes Produkt, alles andere ist nutzlos.

- **Die Pläne der Kommission sind aufgebläht:**

Einige Unternehmen, um immer mehr Menschen anzuziehen und der Konkurrenz voraus zu sein, bieten Provisionspläne und Preise für unrealistische oder übertriebene Produkte an und versprechen Vermögen über Nacht. Vermeide das erstens, weil es bald finanziell zusammenbrechen könnte; zweitens, es kann als Betrug angesehen werden und die Leute sind widerstrebend, sich dir anzuschließen.

- **Unfähigkeit, Marktangebot und -nachfrage zu verstehen:**

In der Gier, die Marktdurchdringung

auszubauen und Millionen von Menschen zu erreichen, ist der größte Fehler, den einige Unternehmen machen, die Basiswirtschaft zu vergessen. Es ist wichtig, die Marktnachfrage und das Produktangebot zu bewerten. Unternehmen können riesige Summen für MLM ausgeben, aber was sie nicht erkennen, ist das wirtschaftliche Szenario. Auch der von Ihnen festgelegte Preis ist eine Determinante von Angebot und Nachfrage, insbesondere wenn sich das von Ihnen angebotene Produkt nicht allzu sehr von dem unterscheidet, was bereits überall auf dem Markt erhältlich ist. Es ist daher unerlässlich, alle diese Faktoren zu bewerten, bevor man blind in MLM investiert.

- **Verwendung unethischer Praktiken:**

Die gefährlichste Bewegung, die dem

Image eines Unternehmens schaden kann, ist die Umsetzung unethischer Praktiken, um kurzfristige Gewinne zu erzielen. Praktiken wie falsche Versprechungen über Produkteigenschaften, hohe Vorabgebühren oder hohe Anfangsinvestitionen von neuen Mitarbeitern, die sich Ihrem Vertriebsteam anschließen und sie zwingen, eine große Anzahl von Produkten zu kaufen, die wirklich nicht zu verkaufen sind, können Sie kurzfristig profitieren lassen, schaden aber langfristig Ihrem Image und Ihrer Existenz.

Es ist wahr, dass MLM große Summen an Geld verspricht, aber es ist wichtig zu erkennen, dass es keine Wunder gibt und dass man bei der Entwicklung von MLM-Strategien vorsichtig und wachsam sein muss und legitime und ethische Taktiken anwenden muss, sonst wird es zusammenbrechen.

➢ *Geheimnisse des Multilevel-Marketings*

Im letzten Kapitel haben wir die Gründe für die Fehler von MLM diskutiert und daher einige Faktoren hervorgehoben, die unbedingt zu berücksichtigen sind. Was können MLM-Unternehmen tun, um das Beste aus ihrer mehrstufigen Marketingkampagne herauszuholen: Gibt es ein Erfolgsgeheimnis von MLM, wie können wir uns von den Tausenden von Wettbewerbern auf dem Markt abgrenzen und wie können wir mehr bieten? Hier sind einige MLM-Geheimnisse für den Erfolg:

Unterstützung, Unterstützung und mehr Unterstützung:

Du musst im Hintergrund deines Teams bleiben. Lassen Sie Ihr MLM-Team niemals alleine überleben. Halten Sie sie auf dem Laufenden und informieren Sie sie über das Produkt, das Unternehmen und aktuelle Markttrends und Technologien. Denken Sie daran, dass das Überleben und der Erfolg Ihres Teams das Überleben Ihres Unternehmens sichert.

Bieten Sie etwas Besonderes

Gute Unternehmen bieten immer ein wenig mehr, um das Vertrauen und die Loyalität ihrer Mitarbeiter zu gewinnen. Versuchen Sie immer, Beziehungen zu Ihrem Team aufzubauen. Identifizieren Sie ihre Probleme und helfen Sie ihnen, sie zu lösen. Auch einige zusätzliche Boni, die ihnen angeboten werden, zum Beispiel zu Weihnachten, oder die ihnen Schulungen schicken können, um ihre Marketing-Fähigkeiten in den Kosten des

Unternehmens zu verbessern, sind Strategien, die Goodwill und Loyalität in ihrem Team fördern können.

Stellen Sie kostenlose Werbemittel zur Verfügung:

Das Angebot kostenloser Promotion-Tools hilft Ihnen, mehr Umsatz zu generieren. Die Vorteile, die Sie bieten, können Ihnen potenzielle Kunden bringen, z.B. kostenlose Produkte oder Dienstleistungen, die kostenlose Produkte oder Dienstleistungen beinhalten können. Sie erhalten Geschenke, einschließlich kostenloser Produkte und Dienstleistungen.

Fördern Sie die Teamarbeit:

Mehrstufiges Marketing basiert auf

Teamarbeit und Beziehungsaufbau. Es ist auch für ein Unternehmen von Vorteil, Techniken einzusetzen, die die Teamarbeit im Netzwerk seiner Vertriebspartner fördern. Sie können dies tun, indem Sie regelmäßig Seminare organisieren, Teammitglieder über Online-Chatrooms und andere soziale Netzwerke einbeziehen, in denen sich Menschen treffen und voneinander lernen können.

Entwickeln Sie eine angemessene Einstellung

Alle MLM-Vermarkter müssen das Geheimnis der Entwicklung einer richtigen Haltung bei der Durchführung ihres Geschäfts lernen, vor allem, wenn Sie in der MLM Online-Geschäft sind. Da Sie nicht in direktem Kontakt mit Ihrem Kunden stehen, sollte Ihre Einstellung so sein, dass sie Ihren Interessenten anzieht. Respektieren Sie Ihre Interessenten und seien Sie jederzeit ehrlich, aufrichtig und höflich. Kommunizieren Sie respektvoll mit Ihren potenziellen Käufern. Eine gute Sache zu wissen ist, dass die Leute dir folgen, sobald sie dich mögen und von dir kaufen.

Durch die Einbeziehung dieser Geheimnisse können Sie Ihren Mitarbeitern und Kunden also mehr bieten und so langfristig davon profitieren.

Fazit: Zusammenfassung

Mehrschichtiges Marketing ist ein Gewinn für jedes Unternehmen, das in den Markt eindringen und Gewinne erzielen will. Jedes Unternehmen träumt davon, mehr Umsatz zu erzielen, um Gewinne zu erzielen. Durch die Integration von MLM-Techniken können Unternehmen ihre Ziele leicht erreichen, aber auch hier ist es wichtig, sich daran zu erinnern, dass es keine Verknüpfungen gibt. Beständigkeit, harte Arbeit und Mühe sind die Voraussetzungen für den Erfolg.

Obwohl MLM normalerweise als Betrug oder illegal angesehen wird, ist es nicht illegal. Es ist völlig legal. Hüten Sie sich jedoch vor den betrügerischen Praktiken, die weniger legitime Unternehmen oft im Rahmen ihrer Geschäftstätigkeit anwenden. Auch echte MLM-Unternehmen müssen sich strikt an die gesetzlichen Richtlinien und ethischen Mittel der Mitarbeiterpraktiken halten, die nicht nur den Erfolg, sondern auch die langfristige Beständigkeit des Unternehmens sicherstellen.

Die andere Dimension von MLM ist seine extreme Flexibilität, die es vielen Menschen um ihn herum ermöglicht, sich in das Geschäft einzubringen und Geld in ihrem eigenen Tempo zu generieren. Eine Sache, die jeder Multi-Level-Vermarkter verstehen muss, ist, dass es kein Wunder ist und es Zeit und Mühe braucht, um letztendlich erfolgreich zu sein, also werde nie wütend über anfängliche Misserfolge und gebe nie schnell auf. Machen Sie weiter und arbeiten Sie hart, und Sie werden nicht weit vom Erfolg entfernt sein und große Einnahmen erzielen.

Jetzt ja, ich wünsche dir das Beste für deine Ergebnisse, und denk daran, alles ist praktisch; Theorie ohne Handeln nützt dir nichts.

Eine große Umarmung, dein Freund, Gaston!

Übrigens, wenn Sie Ihre Ergebnisse nach und nach erreichen, empfehle ich Ihnen sehr, wenn Sie viel mehr über die Methoden des Geldverdienens erfahren möchten, mein Buch "Wie man mit Ihrem Blog im Jahr 2019 Geld verdient" ist ein Buch, das Ihnen auf dem Weg zur "finanziellen Freiheit" sicherlich sehr helfen wird. Sie können es ohne weiteres in der Amazon-Suchmaschine finden, wie: "Wie Sie mit Ihrem Blog 2019 Geld verdienen" oder nach meinem Namen suchen, wie: "Gaston Echevarria"..... Ich wünsche Ihnen noch einmal viel Erfolg bei Ihren Ergebnissen!

www.ingramcontent.com/pod-product-compliance
Lightning Source LLC
Chambersburg PA
CBHW051207170526
45158CB00014B/1612